MANUEL

DE LA

FABRICATION DU SUCRE DE BETTERAVES

PAR

J. BLONDEL

Commis de 1re Classe du Service des Sucres, à Douilly (Somme)

PÉRONNE

IMPRIMERIE RÉCOUPÉ, GRAND'PLACE, 17

—

1863

INTRODUCTION

La fabrication du Sucre de Betteraves prend tous les jours une plus grande extension; chaque année, pour ainsi dire, de nouveaux procédés sont mis à l'essai dans le but d'obtenir le plus économiquement possible la betterave cultivée en vue de la production du sucre, et d'en extraire la plus grande quantité possible de sirop cristallisable et de sucre achevé.

Les expériences nombreuses qui ont été faites depuis l'origine de cette industrie ont permis d'évaluer très-approximativement le rendement en sirop et en sucre des diverses variétés de betteraves employées à la fabrication, et la valeur saccharine des jus et des sirops à chaque phase des manipulations qu'on leur fait subir pour en extraire le sucre.

Les efforts tentés jusqu'à ce jour pour augmenter le rendement en sucre n'ont pas donné les résultats qu'on en espérait; la quantité de sucre obtenue aujourd'hui ne diffère pas sensiblement de celle qui était produite il y a vingt ans ; tout au plus est-on parvenu à produire le sucre plus économiquement.

Cela tient à deux causes principales : la première, c'est que les fabricants ne s'occupent pas assez de la culture des betteraves qu'ils doivent mettre en fabrication ; les cultivateurs, fournissant leurs betteraves au poids, ont tout intérêt à produire de grosses racines, qui sont presque toujours les plus pauvres en sucre, de sorte que les fabricants payent souvent à raison de 20 fr. les mille kilogrammes des betteraves qui ne rendent pas plus de 3 et même 2 % de sucre, dont la valeur vénale ne compense même pas le prix de la betterave.

La seconde cause consiste dans la concentration des jus et des sirops dans le vide, la disposition des appareils ne permettant pas l'enlèvement des matières étrangères au sucre, qui demeurent dans les produits et en empêchent la cristallisation.

Il est facile de forcer les cultivateurs à ne fournir que des betteraves contenant au moins 10 % de sucre ; les sels à base de chaux, de phosphate, de soude, de magnésie et d'ammoniaque, qui entrent dans la composition de la betterave et s'opposent à la cristallisation, et les déperditions résultant des opérations de cuite et de clarification diminuent le rendement en sucre dans la proportion de 36 % ; on doit donc pouvoir obtenir au moins 64 % de sucre, tandis que dans les bonnes fabriques on obtient à peine 56 % du sucre contenu dans les betteraves.

Il m'a paru utile de mettre sous les yeux de toutes les personnes qui s'occupent de la fabrication du sucre, les conditions à remplir pour obtenir économiquement les meilleures betteraves; j'en ai puisé les détails dans le *Traité de la Distillation des Betteraves*, publié en 1854 par M. PAYEN, Secrétaire perpétuel de la Société impériale et centrale d'Agriculture.

Ensuite, j'ai recueilli dans le *Traité de Fabrication*, publié en 1842 par M. JÉRONNEZ, aujourd'hui Inspecteur du service des sucres; dans les *Traités de Physique et de Chimie* en usage dans les Lycées, et dans les *Mémoires* fournis par l'Administration des Contributions indirectes la plupart des éléments de mon Traité de Fabrication; j'y ai ajouté le résultat des observations que j'ai pu faire depuis que je suis attaché à l'exercice des fabriques, et le système d'épuration par la turbine, encore inconnu lors de la publication du Traité de M. Jéronnez.

Enfin, j'ai cru utile d'ajouter à cet ouvrage une troisième partie concernant la mesure de tous les vaisseaux en usage dans les fabriques de sucre.

J'aurai atteint le but que je me suis proposé, si

ce Livret contribue à l'instruction des jeunes employés et des personnes qui s'occupent de la Fabrication du sucre ; je recevrai avec reconnaissance les observations qu'on voudra bien m'adresser, soit à titre de rectification, soit à titre de renseignements complémentaires.

BLONDEL.

Douilly, 1er Avril 1863.

PREMIÈRE PARTIE

CULTURE DE LA BETTERAVE

PRINCIPALES VARIÉTÉS DE BETTERAVES.

On distingue sept variétés principales de Betteraves, comprenant chacune plusieurs sous-variétés.

Betterave blanche, ou Betterave à sucre.

La Betterave à sucre est courte, piriforme, sortant peu de terre; sa peau est grisâtre, sa chair blanche; le tissu est plus résistant, et le jus généralement plus sucré que dans les autres variétés.

Deux sous-variétés se désignent sous les noms de *Betterave blanche à collet rose,* la plus riche en sucre, et *Betterave blanche à collet vert,* dite *de Silésie.*

Ces variétés et sous-variétés résistent mieux que toutes les autres aux gelées et aux altérations spontanées.

Betterave jaune d'Allemagne.

Elle est allongée; sa chair est blanche dans toutes les parties saccharifères du tissu, et jaune dans les autres parties; elle sort de terre, au fur et à mesure de sa végétation, et s'arrache plus facilement que la précédente.

Betterave à peau jaune pâle et chair blanche.

Peu allongée, sortant peu de terre; elle s'est trouvée, dans quelques cas, plus riche en sucre que la betterave blanche elle-même.

Betterave jaune, dite de Castelnaudary.

Longue, sortant beaucoup de terre, offrant une coloration jaune orangée à l'extérieur, et dans toute la masse de sa chair. D'une culture et d'un arrachage faciles, elle exige moins de force que la betterave blanche pour être réduite en pulpe, mais elle est généralement moins sucrée.

Betterave rouge longue.

Elle sort aux trois quarts de terre; sa chair est rouge; analogue à la précédente, mais moins sucrée. Les parties sorties de terre, plus chargées de principes étrangers au sucre que les parties enterrées, rendent difficile l'extraction du sucre.

Betterave globe jaune.

La racine est presque sphérique, et en très-grande partie sortie de terre; sa peau est jaunâtre, sa chair blanche ou nuancée de jaune; elle est plus aqueuse et moins sucrée que la plupart des autres variétés.

Betterave disette ou champêtre.

Plus volumineuse que toutes les autres; ses racines sont allongées, sortant de terre, roses extérieurement et nuancées à l'intérieur; moins résistante aux altérations spontanées, plus aqueuse et généralement moins sucrée que toutes les précédentes, elle ne convient pas pour les sucreries; mais comme ses récoltes sont des plus abondantes, les cultivateurs la préfèrent, parfois, pour la nourriture de leurs bestiaux; ils en intercalent souvent de grandes quantités dans leurs ensemencements, et la livrent aux fabricants mélangée avec les bonnes variétés. C'est une fraude dont les sucriers pourront avoir à se défendre, lorsqu'ils auront stipulé, dans leurs marchés, des fournitures exclusivement en betteraves à sucre.

Pour éviter les mélanges de la variété disette dans les betteraves retenues d'avance aux cultivateurs, il est bon de leur fournir la graine, et mieux encore de se charger de l'ensemencement.

SOLS.

Plusieurs sortes de terrains conviennent à la Betterave; les plus productifs sont argilo-sableux, un peu calcaires, profonds et faciles à égoutter; les terres sableuses contenant un peu d'argile et du carbonate de chaux donnent encore de bonnes récoltes, lorsque les saisons ne présentent pas de trop longues sécheresses. Dans les circonstances atmosphériques favorables, les betteraves s'y montrent, en général, plus riches en sucre qu'ailleurs.

Causes de la maladie spéciale de la Betterave.

Les terres argileuses peuvent souvent être améliorées à l'aide du drainage, qui aère le sol, fait disparaître l'excès d'eau, facilite les labours, rend la terre plus meuble, hâte les progrès de la végétation, et peut éviter le développement de la maladie spéciale qui a déjà causé de si grandes pertes aux cultivateurs; cette maladie est due à l'excès d'eau accumulée dans le sous-sol avant les semailles, et au défaut d'aération, conséquence naturelle de la compacité et de l'extrême humidité de la terre à une petite profondeur.

Quelle que soit d'ailleurs la nature du sol, il faut éviter de livrer à cette culture les champs où abondent les cailloux et pierres diverses, car les racines principales, gênées dans leur développement, se bifurqueraient au lieu de pivoter, ou se diviseraient en racines plus petites, difficiles à nettoyer et à râper.

Engrais.

Les engrais trop abondants ou trop actifs nuisent à la secrétion du sucre dans les betteraves; on doit appliquer la fumure à la culture qui, dans l'assolement, doit précéder la betterave, et se borner à arroser les champs de betteraves avec les eaux qui découlent des étables; les résidus de la fabrication du sucre donnent aussi des engrais très-riches, qui remplacent avantageusement tous les autres.

CULTURE, ENSEMENCEMENT, REPIQUAGE.

Tout ce qui peut contribuer à l'ameublement, à l'aérage du sol, dans la profondeur où la betterave enfonce son pivot, est favorable au développement et à la bonne qualité des racines.

L'ensemencement en lignes facilite les façons, dont la première, le sarclage, est une des plus importantes. En effet, faute d'arracher en temps utile les plantes étrangères, les jeunes betteraves, surmontées par les herbes, languissent privées de lumière, et l'esherbage tardif ne peut ramener la vigueur qu'elles ont perdue. Les binages doivent aussi se faire sans trop de retard, bien qu'ils présentent rarement le même degré d'urgence que les premiers sarclages.

Il faut, en outre, opérer avec soin les repiquages, en

y consacrant les plantes qu'on enlève, afin d'éclaircir les rangs trop serrés.

Ces repiquages ont pour but, non-seulement de garnir les places où les graines n'ont pas levé, mais encore de maintenir entre les pieds une distance de 25 à 30 centimètres, et entre les lignes une distance de 65 à 75 cent.

On reconnaîtra l'utilité de cette disposition quand on saura que les pieds de betterave, laissés au milieu d'espaces plus grands, donnent des racines plus grosses et moins sucrées.

Le repiquage s'effectue vers la fin d'avril; il est bon de tremper la racine dans une bouillie argileuse, au moment de la mettre dans le trou, afin de maintenir une humidité suffisante, et de mieux assurer la reprise d'une végétation vigoureuse.

Tiges montant à graines.

Tous les ans, surtout dans les saisons chaudes et humides, on voit un certain nombre de betteraves monter à graines, au moment où la maturité de toutes les autres n'est plus éloignée que de quinze à trente jours. On doit aller, de proche en proche, tordre à la main toutes ces tiges, afin d'arrêter le mouvement de la végétation qui entraînerait presque tous les principes sucrés de la betterave.

RÉCOLTE.

Les betteraves doivent être récoltées lors de leur maturité; c'est l'époque où elles ont pris tout leur développement, et que la végétation s'arrête d'une manière sensible.

La plupart des grandes feuilles jaunissent et s'abaissent; la proportion de sucre s'augmente alors dans les racines, et domine les autres principes. Les betteraves mûres donnent des cristallisations faciles et abondantes, tandis que les racines, venues dans les mêmes terres, arrachées huit ou dix jours avant ce premier terme de la végétation, donnent des jus difficiles à traiter, et des sirops plus lents à cristalliser, et moins productifs.

Rendement par hectare.

La végétation devant se développer avec plus ou moins de succès, en raison des années plus ou moins favorables, de la nature plus ou moins riche du sol, du choix des engrais, et des procédés de culture plus ou moins perfectionnés, il est impossible de fixer avec précision le rendement par chaque localité ; diverses expériences, considérées partiellement, ont offert des rapports différents, depuis 20 jusqu'à 65 mille kilogrammes; mais la récapitulation des expériences faites dans une période de dix années, a présenté une production moyenne de 35 à 40 mille kilogrammes de betteraves par hectare dans les départements du Nord et du Pas-de-Calais; l'Aisne et la Somme donnent environ 30 mille kilogrammes dans les bonnes terres.

COMPOSITION DE LA BETTERAVE A SUCRE.

Les proportions de sucre contenues dans les betteraves varient entre les limites de 4 à 15 % du poids des racines. La meilleure variété, jusqu'ici connue, est la betterave blanche de Silésie, à peau rose; elle donne, à poids égal, deux ou trois fois plus de sucre que la betterave disette, et une fois et demie à deux fois autant que les autres variétés.

Prenons pour exemple la betterave blanche de Silésie,

récoltée dans des conditions convenables; elle donne, en moyenne, à l'analyse chimique :

Eau.	83 5
Sucre et traces de dextrine (environ 0, 1) . .	10 5
Cellulose et pectose (qui restent dans la pulpe).	0 8
Albumine, caséine, et deux autres substances azotées.	1 5
Matières grasses	0 1
Acides malique, pectique, pectine, substance gommeuse, matières aromatiques, colorable et colorante, huile essentielle, chlorophylle, oxalate et phosphate de chaux, phosphate de magnésie, chlorhydrate d'ammoniaque, silicate, azotate, sulfate et oxalate de potasse, oxalate de soude, chlorures de sodium et de potassium, pectates de chaux, de potasse et de soude, soufre, silice, oxyde de fer, etc.	3 6
	100 0

Reconnaissance approximative de la quantité de Sucre contenue dans les Betteraves.

Les cultivateurs, au moyen d'une petite balance, pourront reconnaître aisément, d'une manière approximative, la qualité et la valeur de leurs récoltes, les différences entre la production saccharine de plusieurs variétés cultivées dans le même terrain, et, sur une même variété, l'influence de différents terrains, des terres trop humides, et des mêmes terres assainies par le drainage.

Ce mode très-simple d'essai consiste à couper, au milieu de chacune des betteraves qu'on veut essayer, plusieurs tranches ou rouelles minces, les peser aussitôt, puis les faire dessécher sur un poële modérément chauffé;

lorsque les tranches auront perdu leur souplesse et acquis une rigidité telle qu'en essayant de les plier on détermine leur rupture, on les pèse de nouveau; la différence indiquera le poids de l'eau primitivement contenue dans les betteraves fraîches.

Pour évaluer approximativement la proportion de sucre, on fera le calcul suivant :

Les betteraves des bonnes variétés, venues dans des terrains convenables et des circonstances favorables, laisseront, sur cent parties à l'état frais, seize à dix-huit parties de matière sèche. On retranche six parties pour les substances étrangères; il restera dix à douze parties représentant la proportion de sucre pur, ou dix à douze kilogrammes de sucre pour cent kilogrammes de racines épluchées, dont on pourra obtenir cinq à sept kilogr. de sucre raffiné, les betteraves donnant environ demie ou deux-tiers du sucre que leur composition représente.

Ce moyen simple d'essai, et même les procédés plus exacts d'analyse chimique, laissent toujours de l'incertitude, car les racines venues d'une même graine, dans le même champ, contiennent parfois des proportions de sucre notablement différentes, ce qui peut dépendre de la profondeur à laquelle les racines pénètrent, de variétés à peine distinctes, de l'emploi de l'engrais, etc., etc.

CONSERVATION DES BETTERAVES.

La pratique des silos est généralement en usage dans les climats tempérés; elle offrirait des inconvénients graves dans les contrées froides, où les hivers souvent très-rigoureux feraient pénétrer la gelée jusqu'au milieu des silos; l'emmagasinage dans des caves, ou vastes granges, sont les seuls moyens praticables dans ce cas.

Je ne parlerai que de la mise en silos et de la mise en tas sur le sol.

Préparation des silos.

On doit choisir, pour l'emplacement des silos, un lieu élevé qui ne puisse être envahi par les eaux. On y établit des fossés ayant 1 mètre 50 centimèt. de largeur, 66 centimètres à 1 mètre de profondeur, et une longueur qui varie de 20 à 100 mètres. On creuse une rigole d'un fer de bêche de largeur au milieu du fond, sur toute la longueur du silo, afin de ménager un petit canal vide qui favorise la circulation des gaz, et servirait, au besoin, à l'égouttage des racines en laissant écouler l'eau accidentellement introduite.

On remplit le silo ainsi disposé en rangeant d'abord des betteraves assez longues en travers de la rigole, puis on amoncelle toutes les autres de façon à combler le fossé, en formant au-dessus du niveau du champ un tas sous forme de toit offrant de chaque côté une pente de 45 degrés; on recouvre toute la superficie de ce tas avec la terre extraite du fossé, dont on forme une couche de 30 centimètres environ, avec la même pente de 45 degrés. Cette épaisse couche de terre, battue avec le dos de la pelle, garantit l'intérieur du silo contre les eaux pluviales et ralentit assez la déperdition de la chaleur pour prévenir l'effet des gelées sur les racines. Il est utile de placer, à chaque extrémité du tas, une sorte de cheminée, qui, pénétrant jusqu'au fond du fossé, au-dessus de la rigole, permette aux gaz produits par quelque mouvement de fermentation de s'échapper, et à l'air extérieur de s'introduire au-dessous des betteraves; on prévient ainsi un échauffement trop prononcé, et les progrès d'une fermentation qui se propagerait dans toute la masse; au moment des grands froids, on ferme l'embouchure de la cheminée, qui arrive au niveau de la terre, à l'aide d'une plaque de gazon ou d'une forte poignée de paille que l'on recouvre avec trois ou quatre pelletées de terre.

Mise en tas sur le sol.

On peut aussi amonceler les betteraves sur le sol; il faut avoir soin de disposer celles qui sont en bordure, de manière à ce qu'elles retiennent les autres et présentent une masse bien fermée.

Ce moyen est évidemment le plus économique, mais on ne doit l'employer qu'après avoir pris ses mesures pour ne pas se laisser surprendre par les fortes gelées, et pouvoir couvrir tous les tas en peu de temps, au moment convenable; il est encore bon de placer, à des intervalles de 4 à 5 mètres, des cheminées qui empêchent la fermentation de la masse.

DEUXIÈME PARTIE

FABRICATION DU SUCRE

DESCRIPTION DU MATÉRIEL

NÉCESSAIRE A LA MISE EN FABRICATION D'ENVIRON 4,000,000 DE KILOGRAMMES DE BETTERAVES.

Machine à vapeur. — Mouvement de son piston.

Une de la force de 15 chevaux ; la vapeur parcourant un espace de 107 mètres environ à la minute, et le mouvement du piston suivant celui de la vapeur, il suffit de mesurer la course du piston, aller et retour, pour connaître le nombre de coups qu'il devra donner par minute. Prenons pour exemple la longueur ordinaire du piston d'une machine de 15 chevaux, soit 75 centimètres; la course sera de 1 mètre 50 centimètres. Divisant 107 mètres par 1 m. 50, on trouve que le piston doit frapper 71 coups par minute, à la pression de quatre atmosphères, représentant la force moyenne de la vapeur employée dans les fabriques; le mouvement du piston est accéléré ou ralenti à volonté au moyen d'un régulateur adapté à une pompe à air, mise en mouvement par la machine.

Générateurs.

Un de 25 chevaux pour la machine.

Un de 15 chevaux pour la défécation.

Un de 40 chevaux pour l'évaporation.

Un de 30 chevaux pour la cuite.

Le cheval-vapeur représente environ deux fois la force d'un cheval de trait; il équivaut à la force nécessaire pour soulever un poids de 75 kilogrammes à la hauteur d'un mètre par seconde; on connaît la force d'un générateur en mesurant la surface de chauffe, c'est-à-dire la partie remplie d'eau et soumise à l'action du feu; on compte un cheval vapeur pour 1 mètre 33 centimètres de surface de chauffe.

Râpe.

Une faisant 900 tours à la minute.

Presse préparatoire.

Une, hydraulique ou à vapeur.

Pompes hydrauliques; mouvement de leur piston.

Quatre; la vitesse ordinaire est de 105 coups de piston à la minute.

Presses hydrauliques.

Quatre de 25 centimètres de diamètre.

Presses à écumes.

Deux presses à bras.

Défécation.

Trois chaudières de 15 à 20 hectolitres.

Évaporation.

Deux chaudières de 20 hectolitres.

Cuite ordinaire.

Deux chaudières de 15 à 20 hectolitres.

Cuite à grains.

Un appareil de 40 à 50 hectolitres.

Machine pneumatique.

Pour faire le vide dans les chaudières à évaporer et à cuire, quand on opère dans le vide relatif.

Saturation.

Trois chaudières de 15 à 20 hectolitres.

Clarification.

Une chaudière de 10 à 15 hectolitres.

Filtres.

Six de 15 à 20 hectolitres.

Rafraîchissoir.

Un chaudron de 10 à 15 hectolitres.

Bacs et citernes.

En nombre proportionné à l'importance de la fabrication, et à la rapidité des travaux d'épuration.

Turbine.

Une faisant 1,400 tours à la minute.

FONCTIONNEMENT DES MACHINES A VAPEUR.

La description des générateurs et des machines à vapeur a été détaillée dans tous les traités de physique et de mécanique; je crois inutile de rappeler ici la formation de la vapeur dans les générateurs, sa distribution dans les machines, et l'agencement des diverses pièces qui communiquent le mouvement du piston à la roue motrice; il suffit de savoir qu'indépendamment de la roue principale, la vapeur met encore en mouvement le piston d'une pompe destinée à l'alimentation des générateurs, celui d'une pompe à puits qui doit fournir l'eau nécessaire aux diverses manipulations, celui d'une pompe à air servant à régler le mouvement de la machine; les pompes hydrauliques et les pompes aspirantes et foulantes nécessaires à la formation du vide dans les appareils sont mues par transmission.

La machine porte aussi des tuyaux de décharge par lesquels la vapeur s'échappe, après avoir agi sur le piston, pour aller entretenir dans les purgeries et magasins de sucre une température d'environ 35 degrés centigrades.

Les diverses pièces adaptées à la machine, ou mises en mouvement par la roue principale, dépendent de la disposition des appareils, et varient suivant les divers procédés de fabrication.

Nettoyage des Betteraves.

Avant de mettre les betteraves en silos ou en tas, on les a nettoyées à la main; c'est-à-dire qu'on en a enlevé les feuilles, le collet et les petites racines qui rendraient le râpage difficile; mais elles ne peuvent pas encore être soumises à la râpe en cet état; il faut qu'elles soient lavées. On les verse à cet effet dans un débourbeur, ou cylindre à claires-voies à moitié plongé dans une caisse remplie d'eau, auquel la machine imprime un mouvement de rotation de 18 à 20 tours à la minute. Les betteraves, en tournant sur elles-mêmes, se débarrassent de la terre et des autres matières adhérentes, et sont rejetées par le moyen d'un fragment de vis d'Archimède sur un égouttoir à plan incliné sur lequel elles glissent dans la direction de la râpe.

Râpage.

Les betteraves sont poussées, par un ouvrier, vers la râpe, dans un conduit, où des propulseurs en fer, vulgairement appelés sabots, achèvent de les faire pénétrer dans le cylindre où se meut la râpe, qui les déchire et les met en pâte, au moyen des lames de scie dont elle est armée parallèlement à l'axe de rotation.

Presse préparatoire.

Au sortir de la râpe, la pâte est reçue dans des sacs de laine; elle y est répartie de manière à ce que les sacs aient une épaisseur d'environ 4 centimètres; ces sacs sont superposés par piles de 25 à 30; ils sont séparés entre eux par des claies en fer, auxquelles on a donné le nom de paillassons, parce que dans le principe, ces claies étaient faites en paille tressée. Lorsque la pile a atteint la hauteur nécessaire pour combler le vide existant entre les deux plateaux de la presse préparatoire, on la soumet à une première pression qui extrait environ la moitié du jus contenu dans la pâte; les sacs sont ensuite placés entre les plateaux des presses hydrauliques.

Pompes et Presses hydrauliques.

Le mouvement des pompes hydrauliques est plus rapide que celui de la machine; leur piston frappe environ trois coups pendant que celui de la machine en donne deux; la force de la pression est en raison de la rapidité du mouvement des pompes et du diamètre du piston des presses; on essaie la force des presses en plaçant entre les deux plateaux un morceau de bois debout d'un diamètre égal à celui du piston, et en faisant agir la presse de bas en haut, jusqu'à ce que la pièce de bois, placée verticalement entre les deux plateaux, se trouve broyée et vole en éclats, sans que l'explosion agisse sensiblement sur le mouvement du plateau inférieur.

Le diamètre du piston est ordinairement de 25 à 30 centimètres.

Production des Betteraves en jus.

La pâte soumise à cette pression donne environ 32 % de jus, ce qui, joint aux 50 % obtenus au moyen de la presse préparatoire, forme un rendement d'environ 82 litres de jus par 100 kilogrammes de betteraves râpées; le tissu restant après l'extraction du jus dans les sacs prend le nom de pulpe; il sert à l'alimentation des bestiaux.

La betterave est composée de deux parties bien distinctes dont nous venons de voir la séparation; le tissu, nommé en chimie parenchyme ligneux, qui forme la pulpe, représente les 4/100es de la betterave; les substances liquides qui entrent dans la composition de la betterave représentent donc 96/100es; mais il est impossible d'obtenir en totalité le jus que la betterave contient, parce qu'il est renfermé dans des cellules qui ne sont pas toutes atteintes par la râpe. Il est bon d'observer aussi que les opérations d'extraction, bien qu'effectuées à l'aide de râpes et de presses offrant un travail également perfectionné, ne donnent pas toujours les mêmes résultats; la qualité des betteraves rend cette différence plus ou moins sensible, et souvent en raison inverse de leur richesse saccharine, c'est-à-dire que les grosses racines, qui sont souvent les plus aqueuses et produisent le plus de jus, présentent ordinairement des rapports en sucre moins favorables que les autres, dont les cellules moins juteuses renferment néanmoins plus de matière saccharine.

On extrait habituellement, savoir :

1° De 115 kilogr. de betteraves, un hect. de jus à 2° du densimètre, soit. . . . . 90 °/o.
2° De 118 kilogr., un hect. à 3°, soit. . . . . 87 °/o.
3° De 124 kilogr., un hect. à 4°, soit. . . . . 80 °/o.
4° De 130 kilogr., un hect. à 5°, soit. . . . . 76 °/o.
5° De 145 kilogr., un hect. à 6°, soit. . . . . 71 °/o.

Il est superflu d'ajouter que le rendement et la densité varient en raison de la qualité des betteraves, et que les chiffres qui précèdent ne représentent que la moyenne de diverses expériences.

Monte-Jus.

Exprimé de la pulpe par les presses, le jus coule dans un cylindre en tôle, où il demeure sous l'influence d'une température de 25 à 30 degrés, jusqu'à ce qu'il en soit chassé par la vapeur dans un tuyau qui le conduit dans un autre réservoir, ou directement dans les chaudières à déféquer. Le cylindre dans lequel le jus séjourne a reçu le nom de monte-jus; cette dénomination s'applique à tous les récipients dans lesquels on introduit la vapeur pour transverser les liquides qu'ils contiennent.

Réservoir.

Dans les réservoirs, s'il y en a, le jus doit toujours être maintenu à la température de 25 ou 30 degrés, et souvent débarrassé des écumes qui se forment à la surface, et favoriseraient la fermentation de la masse.

Dans beaucoup de fabriques, le jus arrive directement du monte-jus dans les chaudières à déféquer.

Défécation.

La défécation a pour but de débarrasser le jus des matières solides dont il est chargé, et des matières visqueuses et acidulées qu'il tient en dissolution; ces matières disposent le jus à s'altérer et empêchent la cristallisation.

Les chaudières à déféquer sont des cylindres de cuivre terminées par une portion de sphère; elles ont un double fond dans lequel on fait arriver la vapeur à haute pression, jusqu'à ce que le jus soit amené rapidement à la température de 60° réaumur (75° centigrades). On y ajoute alors une quantité de lait de chaux *(chaux éteinte et bouillie)* proportionnée à la quantité de matière à éliminer; 50 grammes de chaux suffiraient à la défécation d'un hectolitre de jus porté à l'ébullition; mais cette quantité est souvent insuffisante à cause du peu d'élévation de la température; les chaudières étant ordinairement remplies avant l'opération, la dilatation ferait sortir le jus de la chaudière, si on le faisait bouillir; la quantité de chaux employée ordinairement varie de 200 à 400 grammes par hectolitre; mais on peut en employer davantage dans les fabriques où l'on se sert du procédé connu sous le nom de *saturation,* dont je parlerai tout-à-l'heure. Les indices qui annoncent que la chaux a été employée à dose convenable, sont la consistance et la fermeté dans les écumes, et une couleur d'ambre bien prononcée dans le bouillon. Dans le cas contraire, les écumes sont molles et émulsives, et nagent en grumeaux plus ou moins coagulés dans la masse du jus.

La déperdition que le jus éprouve à la défécation est d'environ 12 à 14 %; mais les écumes renfermées dans des sacs de toile, et soumises à l'action des presses à bras, produisent environ 50 à 60 % de jus propre à entrer en fabrication; il en résulte que la déperdition réelle n'est que de 7 % du poids ou 6 % du volume.

Le jus déféqué offre une densité décroissante de 1 à 3 dixièmes de degré, comparativement à la densité constatée avant la défécation.

Une addition de 1 % de mélasses ou autres matières à 40° Baumé fait subir au densimètre une progression de 4 à 5 dixièmes de degré.

Saturation.

La chaux employée à la défécation en petite quantité ne serait pas un obstacle à la cristallisation; elle la favoriserait, au contraire, en saturant les acides qui se forment dans le cours du travail; mais quand la proportion de chaux atteint 250 grammes par hectolitre, elle crasse les appareils à évaporer et à cuire, ralentit le travail de concentration, et s'oppose à la cristallisation des sirops; il devient nécessaire de l'éliminer. Plusieurs moyens ont été tentés pour débarrasser le jus déféqué de la chaux qu'il contient; on a essayé presque tous les réactifs dont les combinaisons avec la chaux sont insolubles dans l'eau; tous ces procédés ont été successivement abandonnés; le seul employé aujourd'hui est la décomposition par l'acide carbonique.

Le jus est amené dans des chaudières contenant des serpentins dans lesquels circule de la vapeur à haute pression; la température est portée à l'ébullition; on fait arriver dans la masse une quantité suffisante de gaz acide carbonique, produit par la combustion du coke dans un fourneau en tôle; la combustion est activée par une sorte de soufflet de forge mû par une petite machine; le gaz se dégage promptement, et arrive en grande quantité dans le jus; la carbonatation s'effectue aussitôt; il se forme un mélange de jus et d'acide carbonique, et une quantité de carbonate de chaux insoluble dans l'eau, qui se précipite au fond de la chaudière, d'où il est extrait pour être ajouté à la masse des engrais formés par les autres résidus de la fabrication.

On a tenté de débarrasser le jus de l'acide carbonique qu'il renferme après l'extraction du carbonate de chaux; on a essayé à cet effet de filtrer le jus sur une couche de peroxyde de fer hydraté, qui absorberait l'acide carbonique et une partie des matières étrangères au sucre contenues dans le jus; ce procédé a été également abandonné.

Filtration; préparation du noir animal et composition des filtres.

Après avoir passé dans les chaudières à déféquer et à saturer, le jus contient encore des principes mucilagineux qui en empêcheraient la concentration, et dont la décomposition le ferait rapidement fermenter. Pour éliminer ces matières, on fait passer le jus, au sortir des chaudières, sur des filtres chargés de noir animal.

Le choix du noir animal, la préparation des filtres, l'enlèvement en temps opportun des écumes qui s'y déposent, et la température du jus, ont une grande influence sur cette opération, qui est la plus importante de la fabrication; c'est de la filtration que dépendent la cuite et la cristallisation, et par suite le rendement général en sucre.

Je passerai en revue successivement les conditions nécessaires à une bonne filtration. La première consiste dans le choix du noir animal.

Le noir animal se fait avec des os; un os contient, en général, 33 % de substance organique, et 54 % de phosphate de chaux; le reste renferme des sels alcalins et du phosphate de magnésie.

En traitant les os par les acides, on leur fait perdre

complètement leur substance inorganique, et on obtient un résidu facile à transformer en gélatine par l'ébullition. C'est cette gélatine qui sert à la confection du noir; il faut avoir soin de recueillir l'espèce de gélatine toute formée, appelée moëlle, que le fabricant de noir, peu consciencieux, retire des os pour la livrer au commerce; cette moëlle entre dans la composition du bleu de Prusse, de l'acide prussique et de l'acide muriatique. Le noir est en quelque sorte la gélatine calcinée; il doit présenter un grain nerveux et friable, et laisser sous la dent un résidu gras. Il est spongieux, et reçoit dans ses pores les principes mucilagineux contenus dans les liquides soumis à la filtration. Cette opération serait presque parfaite si le fabricant n'y employait que du noir neuf; mais le prix trop élevé du noir neuf force le fabricant à utiliser le noir qui a déjà servi; à cet effet, il lui fait subir une préparation qu'il importe de bien surveiller.

Au sortir des filtres, le noir est lavé dans une auge dans laquelle tourne sans cesse un escargot qui imprime au noir un mouvement de rotation dans toute la longueur de l'auge; un courant d'eau chaude, coulant sans cesse sur l'escargot, débarrasse le noir des matières grasses qu'il a retenues, et qui ne se sont pas introduites dans ses pores; le noir lavé est cuit dans des fours à une température assez élevée pour vaporiser les matières qu'il a absorbées; il est très-important de bien cuire le noir; si la cuisson n'est pas complète, le noir contient encore des matières mucilagineuses qui le font fermenter; s'il est trop cuit, ses pores se resserrent, et il perd la propriété d'absorber les matières grasses des jus et des sirops.

Pour lui rendre la gélatine qu'il a perdue, il est bon de le revivifier dans des citernes au moyen d'une addition d'acide muriatique, formée, comme on l'a vu plus haut, de la moëlle des os.

Le noir lavé, cuit et revivifié est versé dans un moulin où on le broie pour augmenter le nombre de ses pores, et le débarrasser de la poussière et des matières provenant du lavage et de la cuisson.

Ainsi préparé, le noir entre dans la composition des filtres dans la proportion de 90 à 95 %; il faut toujours que les filtres contiennent un peu de noir neuf, surtout à la surface.

La quantité de noir à employer à la filtration doit être de 20 hectolitres au moins par 100 hectolitres de jus.

En déchargeant les filtres, il faut avoir soin de n'y laisser aucune quantité de noir; car les matières dont il est imprégné, se décomposant rapidement, corrompraient les jus dans les filtrations subséquentes.

Il faut enlever avec soin les écumes qui se déposent à la surface des filtres pour empêcher la fermentation qu'elles occasionneraient, et remuer le noir pour qu'il absorbe plus facilement par tous ses pores les matières grasses à éliminer.

La température du jus doit être conservée au plus haut degré possible.

Opérée dans ces conditions, la filtration débarrasse le jus de la plupart des matières étrangères au sucre qu'il tenait en dissolution et en suspension ; je dis la plupart, car le jus contient encore des sels et des matières grasses et colorantes qu'il n'est pas possible d'éliminer à la première filtration. Le jus filtré tombe dans un monte-jus où il est maintenu à la température la plus élevée possible jusqu'à ce qu'il soit amené dans les chaudières à évaporer.

Évaporation à air libre.

L'évaporation se fait dans des chaudières contenant des serpentins dans lesquels circule de la vapeur à haute pression, qui fait bouillir le jus et met en liberté les matières grasses qu'il tenait en dissolution. L'ébullition continue jusqu'à ce que le volume du jus soit réduit de 75 %; ce degré de concentration correspond à 25° de l'aréomètre de Baumé; au fur et à mesure que la vaporisation s'effectue, il se précipite au fond de la chaudière des grumeaux qui sont alternativement ramenés à la surface et refoulés au fond pendant la durée de l'opération. Il faut écumer de temps en temps les produits soumis à la vaporisation pour en enlever les matières impures et y ajouter un peu de beurre ou un corps gras quelconque pour arrêter leur propension à s'élever jusqu'au-dessus des bords de la chaudière; quand les jus sont de mauvaise qualité, les corps gras sont presque impuissants à les empêcher de s'échapper de la chaudière; cet indice est presque toujours une marque certaine de fermentation.

Les jus concentrés à 25° Baumé retombent sur de nouveaux filtres chargés de noir animal.

Je vais donner deux tableaux qui feront connaître la marche du travail et la valeur saccharine des jus à chaque degré de concentration.

Déperdition en eau et en écumes, à chaque degré de concentration.

De 1° a 10° Baumé.

Depuis	1	jusqu'à 10.	93 %	de déperdition.
»	2	»	84	»
»	3	»	74	»
»	4	»	65	»

Depuis	5 jusqu'à	10,	53 °/o de déperdition.	
»	6	»	43 »	
»	7	»	31 »	
»	8	»	20 »	
»	9	»	12 »	

De 10° a 44° Baumé.

Depuis	10 jusqu'à	11,	10	°/o de déperdition.
»	»	12,	19	»
»	»	13,	27	»
»	»	14,	31	»
»	»	15,	36	»
»	»	16,	41	»
»	»	17,	45	plus 2 °/o pour les écumes résultant de la filtration et de cette première période d'ébullition.
»	»	18,	48	»
»	»	19,	51	»
»	»	20,	54	»
»	»	21,	56	»
»	»	22,	59	»
»	»	23,	61	»
»	»	24,	63	»
»	»	25,	64	»
»	»	26,	66	»
»	»	27,	68	»
»	»	28,	69	»
»	»	29,	70	»
»	»	30,	71	plus 2 °/o comme ci-dessus.
»	»	31,	73	»
»	»	32,	74	»
»	»	33,	75	»
»	»	34,	76	»
»	»	35,	77	»

Depuis 10 jusqu'à 36, 78 °/₀ de déperdition.
» » 37, 78 $\frac{40}{100}$ »
» » 38, 79 $\frac{20}{100}$ »
» » 39, 79 $\frac{80}{100}$ »
» » 40, 80 $\frac{60}{100}$ »
» » 41, 81 $\frac{20}{100}$ »
» » 42, 81 $\frac{80}{100}$ »
» » 43, 82 $\frac{50}{100}$ »
» » 44, 83 plus 2 °/₀ comme ci-dessus, tot. 85 °/₀.

Pesanteur spécifique d'un litre de jus ou de sirop, à chaque degré de concentration.

Degrés.	Grammes.	Degrés.	Grammes.	Degrés.	Grammes.	Degrés.	Grammes.
0	1,000	13	1,100	26	1,215	39	1,361
1	1,006	14	1,106	27	1,225	40	1,374
2	1,013	15	1,114	28	1,235	41	1,386
3	1,020	16	1,125	29	1,246	42	1,400
4	1,028	17	1,132	30	1,256	43	1,413
5	1,035	18	1,140	31	1,267	44	1,427
6	1,042	19	1,148	32	1,278	45	1.441
7	1,050	20	1,157	33	1,289	46	1,456
8	1,058	21	1,167	34	1,301	47	1,470
9	1,065	22	1,176	35	1,312	48	1,485
10	1,073	23	1,186	36	1,324	49	1,500
11	1,081	24	1,195	37	1,336	50	1,515
12	1,090	25	1,205	38	1,349		

Application des deux tableaux qui précèdent.

Calculs à établir pour trouver combien 20 hectolitres, par exemple, de jus à 15° Baumé, doivent représenter d'hectolitres de jus soumis à la défécation, et de sucre pris en charge.

Soit 4° 2 le degré densimétrique moyen de jus soumis

à la défécation, correspondant à 6° Baumé, puisqu'un litre de jus concentré à 6° Baumé pèse 1,042 grammes (2e tableau).

1° Déperdition de 100 hectolitres de jus à la défécation	100 6 hectol.
Doit rester.	94 hectol.
2° Déperdition applicable à la concentration de 6 à 10° Baumé, à raison de 43 % (1er tableau, 1re partie) . .	40 hectol.
Doit rester.	54 hectol.
3° Déperdition de 10° à 15° Baumé, à raison de 36 % (1er tabl., 2e part.)	19 hectol.
Doit rester.	35 hectol.

Proportion à établir :

35 : 100 :: 20 : x

$$x = \frac{100 \times 20}{35} = 57 \text{ hectolitres } 14 \text{ litres.}$$

Première Multiplication.		*Deuxième Multiplication.*	
Quantité de jus :	57,14	Volume du jus :	239,988
Degré moyen :	4,2	Base de la prise en charge :	1,4
	11428		959952
	22856		239988
Vol. du Jus mult. par la densité :	239988	Sucre :	3359832

D'après ces calculs, lesdits 20 hectolitres de jus à 15° Baumé représentent environ 57 hectolitres 14 litres de jus soumis à la défécation, ou 336 kilogrammes de sucre.

Évaporation dans le vide relatif.

L'évaporation dans le vide s'effectue dans des chaudières hermétiquement fermées, dans lesquelles le vide est fait au moyen de deux pompes aspirantes et foulantes, fonctionnant comme les pompes d'une machine pneumatique ; à chaque coup de piston, l'air et la vapeur d'eau contenus dans les chaudières sont aspirés et refoulés ; ils s'échappent dans un condenseur où ils se convertissent en eau ; cette eau retourne ensuite dans le réservoir d'alimentation des générateurs.

L'évaporation se fait plus rapidement et plus économiquement dans le vide que dans les chaudières à air libre ; mais comme il n'est pas possible d'enlever les écumes qui se forment à la surface du liquide, au fur et à mesure que la vaporisation s'effectue, ces écumes demeurent en suspension dans le sirop, et le disposent à la fermentation.

Deuxième filtration.

Au sortir des chaudières à évaporer, le jus prend le nom de sirop ; il repasse sur de nouveaux filtres, où il est dépouillé des matières grasses mises en suspension par l'ébullition ; il est important que le sirop passe directement de la chaudière sur les filtres, afin de conserver le plus haut degré possible de température.

Après cette deuxième filtration, le sirop peut être cuit immédiatement ; mais il arrive quelquefois, surtout quand l'année a été pluvieuse, que les jus n'ont pas été bien déféqués, ou que la concentration a été difficile ou trop serrée, que le sirop n'a pas encore perdu tous les principes gras qui s'opposeraient à la cuite et à la cristallisation ; il est bon alors de le clarifier avant de le cuire.

Clarification.

Le sirop amené dans la chaudière à clarifier est étendu d'eau jusqu'à ce qu'il soit réduit à 20° Baumé. Cette dissolution convenablement effectuée, on verse dans le sirop un ou deux kilogrammes de noir fin par hectolitre, on a soin de le remuer vivement, afin d'empêcher la précipitation du noir, et avec une écumoire on répartit sur tous les points de la chaudière le noir animal, qui est porté à venir s'amonceler à la surface ; puis, on laisse l'ébullition libre pendant quelques instants ; le liquide est alors sale, trouble ; on le clarifie avec un litre de sang de bœuf, ou 4 à 5 œufs, ou 2 litres de lait par hectolitre ; lorsqu'on a mélangé ces matières avec le liquide, on laisse le tout bouillir un moment, et bientôt on voit surgir, à la surface, une masse d'écumes et de grumeaux noirs qu'on a soin d'enlever ; après quelques instants de repos, on soumet le sirop à une troisième filtration, et on le fait arriver dans la chaudière à cuire.

Cuite à air libre.

La cuite a pour objet la concentration du sirop jusqu'au point le plus convenable à une bonne cristallisation. Avant que l'ébullition ne soit bien prononcée, on voit surgir, çà et là, à la surface du liquide, une écume peu épaisse ; il faut s'empresser de l'enlever, en ralentissant l'action de la vapeur ; puis lorsqu'on voit que les impuretés disparaissent, on laisse un libre cours à l'action calorifique afin d'accélérer la vaporisation.

Les nouvelles écumes qui se forment pendant la cuite, et que l'ébullition fait précipiter en grumeaux solides, doivent être enlevées avec soin, pendant toute la durée de l'opération, parce que la densité du sirop rend impossible la filtration, et que ces grumeaux ne peuvent, par conséquent, atteindre le fond de la chaudière; lorsque le sirop est de bonne qualité, on voit jaillir un bouillon blanc et sec ; quand ils sont mauvais, le bouillon est gras et noir, les bulles sont petites et forment une mousse visqueuse et fortement colorée ; car il est presque impossible alors d'empêcher le sirop de s'échapper de la chaudière, si on le maintient à la température nécessaire à la concentration qu'on veut atteindre.

Preuves au thermomètre, au souffler, au filet.

Pour reconnaître le degré le plus convenable à une bonne cristallisation, on fait usage de plusieurs moyens, connus sous le nom de preuves ; savoir, preuve au thermomètre, preuve au souffler, preuve au filet. Si on se sert du thermomètre, il suffit de le placer dans le liquide de manière à pouvoir en observer les degrés ; l'ébullition doit élever le mercure à 89° Réaumur (110° centigrades) pour une cuite faible, et jusqu'à 90 ou 91° Réaumur (114° centigrades pour une cuite serrée).

La preuve au souffler s'obtient en plongeant dans le liquide bouillant une écumoire qu'on agite plusieurs fois, et qu'on retire aussitôt en la secouant au-dessus de la chaudière pour en détacher la plus grande partie du sirop qui s'y trouve ; alors on souffle fortement sur tous les trous de l'écumoire ; si le sirop est bien cuit, il doit s'en échapper une foule de bulles semblables aux bulles de savon ; c'est d'après le nombre et la consistance de ces bulles que l'on reconnaît si la cuite est faible ou forte ; ces indices ne sont manifestes ni avant ni après le point convenable à une bonne cristallisation. Pour prendre la preuve au filet, on plonge une écumoire dans le sirop bouillant, on la retire et on prend sur le pouce quelques gouttes de sirop, puis on rapproche l'index du pouce pour le mouiller ; aussitôt après avoir mis ces deux doigts en contact, on les ouvre avec vigueur ; si les produits ne sont pas suffisamment concentrés, l'écartement des doigts donne un filet très-faible qui casse près de l'index, et retombe sur le pouce ; si la cuite est bonne, le filet s'allonge de 7 à 8 centimètres, se brise vers le pouce, et remonte vers l'index en formant un crochet d'autant plus lent à rentrer dans la goute adhérente à l'index, que la cuite est plus avancée ; si le sirop est trop serré, au point de rendre la cristallisation impossible, le filet s'allonge de toute la distance qui se trouve entre les doigts écartés, et ne se brise pas.

Le sirop bien cuit pèse de 40 à 41° Baumé pendant l'ébullition; soit 43 à 44° à froid.

Quand on a reconnu que le sirop est cuit au point convenable, on ferme le robinet de vapeur, et on ouvre immédiatement le robinet de décharge, afin que le sirop conserve la température de 85° Réaumur, en passant de la chaudière au rafraîchissoir. On voit aussi alors s'il est bien cuit, car la vaporisation cessant au moment de la fermeture du robinet de vapeur, le sirop doit couler sans dégager de vapeur ni fournir de nombreuses bulles, ce qui arrive quand la cuite est trop faible.

Cuite dans le vide.

La cuite se fait plus rapidement dans le vide qu'à air libre ; l'opération se fait comme l'évaporation ; les mêmes inconvénients se représentent ; la chaudière hermétiquement fermée rend impossible l'enlèvement des écumes qui se forment au fur et à mesure de la vaporisation ; il s'ensuit que ces écumes s'amassent dans le liquide, et s'opposent à la cristallisation ; les sirops cuits dans le vide cristallisent en grains moins serrés, et d'une nuance plus colorée que les sirops cuits à air libre ; ils sont aussi bien plus sujets à fermenter.

Cuite à grains.

La cuite à grains se fait presque sans dépense de vapeur ; l'appareil est successivement chargé de petites quantités de sirop, qui sont soumises à l'action de la vapeur sortant des autres appareils, et dont la pression atmosphérique s'exprime par un degré ou 1 1/2 du manomètre.

On verse d'abord dans l'appareil, muni de serpentins dans toute sa hauteur, une faible quantité de sirop qui entre facilement en ébullition à basse pression, et se cuit à 40° ou 42° Baumé ; on le laisse dans l'appareil, et on y ajoute une nouvelle quantité de sirop qui entre en ébullition avec le sirop déjà cuit, et se concentre à son tour au point convenable ; on y ajoute une nouvelle quantité de sirop, et ainsi de suite jusqu'à ce que l'appareil soit plein de sirop cuit.

Toutes ces cuites successives des quantités versées tour-à-tour dans l'appareil concentrent le sirop à tel point que la cristallisation a déjà fait beaucoup de progrès quand on ouvre le robinet de décharge. Le sirop peut être immédiatement passé par la turbine ; cet appareil, que je décrirai bientôt, séparant les écumes et les mélasses en même temps du sirop déjà cristallisé, donne du sucre presque aussi blanc que le sucre raffiné ; mais il vaut mieux faire couler le sirop dans des bacs à granuler et l'y laisser deux ou trois jours avant de l'épurer par la turbine ; le sucre que l'on obtient alors est moins blanc, parce que les écumes se sont répandues dans la masse du liquide, mais il est plus nerveux et plus abondant. Le sirop cuit à grains est donc mis en cristallisation immédiatement dans les bacs ; ceux au contraire qui ont été cuits d'après les procédés que j'ai décrits ci-dessus, sont versés, en sortant de la chaudière, dans un rafraîchissoir.

Rafraîchissoir.

Le rafraîchissoir est un chaudron d'une dimension assez grande pour qu'on puisse y déposer alternativement les produits de plusieurs cuites, et les y laisser réunis jusqu'à ce que la température de la masse soit descendue à 60 ou 65° Réaumur (75 à 80° degrés centigrades).

Lorsqu'il y a fermentation dans le sirop, elle est presque toujours manifeste au rafraîchissoir ; le liquide alors se couvre d'une mousse abondante dont la propension à s'élever jusqu'au-dessus des bords de la cuve, bien que celle-ci ne soit soumise à aucune action calorifique, est d'autant plus intense que la fermentation est plus forte.

Lorsque le sirop est bon, il ne tarde pas à cristalliser ; il faut alors le remuer avec un mouveron, briser les cristaux, et les répartir également dans toute la masse ; puis, quand la température est descendue à 60 ou 65° Réaumur, on transverse le sirop dans des bacs à granuler.

Cristallisation.

La cristallisation du sirop s'opère dans des bacs en tôle placés dans des purgeries où la température est constamment maintenue de 30 à 35° centigrades ; il est important que les bacs destinés à recevoir le sirop soumis à la première cristallisation, que l'on désigne sous le nom de sirop de premier jet, ne soient pas d'une grande capacité ; ils ne doivent contenir que le produit de quatre cuites au plus ; car, à chaque empli, il faut remuer le mélange afin de répandre dans la masse les cristaux déjà formés, et cette opération deviendrait très-difficile, si les premiers sirops étaient déjà granulés au moment où on achève de remplir les bacs; c'est pour la même raison qu'on donne peu de profondeur à ces vaisseaux; en résumé, les bacs destinés au sirop de premier jet ne doivent pas contenir plus de 15 hectolitres, et leur profondeur ne doit pas dépasser 70 à 75 centimètres.

Sept ou huit jours suffisent ordinairement à la cristallisation du sirop de premier jet; on l'extrait alors des bacs, et on le délaie dans l'eau jusqu'à ce qu'il soit assez liquide pour être passé par la turbine; on se sert aussi d'un moulin où les cristaux sont divisés pour en faciliter le délayage.

Épuration par la turbine.

La turbine est un appareil à force centrifuge; elle se compose d'un cylindre ouvert par le haut et fermé à la partie inférieure qui se termine par un cône dont la pointe repose, en pivotant, sur un massif en fonte qui supporte tout le poids de l'appareil; une tige en fer, mise en mouvement par la vapeur, imprime à l'appareil un mouvement de rotation de 1,400 tours à la minute; cette tige va en s'élargissant jusqu'au fond du cylindre, où elle repose sous la forme d'un pavillon. Le corps du cylindre est une étamine en fil de cuivre, destinée à tamiser la mélasse et à retenir le sucre contenu dans le sirop; le sucre est recueilli le long de l'étamine, et la mélasse s'écoule hors du cylindre dans un monte-jus.

Production en sucre à la première épuration.

Un hectolitre de sirop de premier jet, bien cuit et suffisamment cristallisé, donne, à l'épuration par la turbine, 59 kilogrammes de sucre au type de la Régie; cette nuance est classée sous le nº 16 des types du commerce; on a vu qu'un hectolitre de sirop cuit à 44° Baumé à froid pèse 142 kilogrammes environ (2e tableau ci-dessus), il s'écoule donc 83 kilogrammes de mélasse à la première épuration.

Pour obtenir une nouvelle cristallisation de la mélasse de premier jet, il suffit de la soumettre à la cuite, en suivant exactement les conditions relatives à la cuisson du sirop de premier jet; seulement, comme le liquide, cette fois, est moins riche en matière saccharine, on a soin de le cuire un peu plus fort.

Le poids de la mélasse de premier jet s'élève à environ 41 ou 42° Baumé; ainsi, il ne reste que peu d'eau à vaporiser pour obtenir le point de concentration convenable à une bonne cristallisation; on peut évaluer à 10 % la déperdition résultant de l'ébullition.

Le sirop de deuxième jet est mis en cristallisation dans des bacs de 20 à 30 hectolitres; il y est traité comme le sirop de premier jet, et y reste soumis à la même température. La cristallisation s'opère en quinze à dix-huit jours; le sirop est alors délayé et passé par la turbine.

Pendant l'épuration, il est bon de verser un peu d'eau dans la turbine, afin de faciliter la séparation du sucre et de la mélasse.

Production en sucre à la deuxième épuration.

Le sirop de deuxième jet donne 42 kilogrammes de sucre par hectolitre; les 83 kilogrammes de mélasse de premier jet représentaient à 42° dégrés Baumé 59 litres; la déperdition résultant de la cuite a réduit à 53 litres la quantité de sirop de deuxième jet mise en cristallisation; il en résulte que le rendement en sucre à la deuxième épuration est de 22 kilogrammes environ; les 53 litres de sirop pesant 75 kilogrammes à 44°, il s'écoule de la turbine 53 kilogrammes ou environ 38 litres de mélasse de deuxième jet.

Le sucre provenant du sirop de deuxième jet est plus brun, et d'un grain plus léger que le sucre obtenu à la première épuration; sa nuance correspond au n° 14 du commerce.

Le poids des mélasses de deuxième jet est souvent supérieur à celui du sirop de deuxième jet, dans la proportion de 1 à 2° aréométriques; néanmoins, comme on doit le soumettre à une cuite plus serrée, on ne peut guère estimer à moins de 10 % la déperdition que leur fait essuyer l'ébullition; les 38 litres de mélasse de deuxième jet, soumis à la cuite, donnent donc environ 34 litres de sirop de troisième jet.

Le sirop de troisième jet est mis en cristallisation dans de grands bacs ou des citernes où il séjourne plus ou moins longtemps, en raison de sa nature plus ou moins riche; la cristallisation s'opère très-lentement.

Production en sucre à la troisième épuration.

Le sirop de troisième jet donne, au moyen de la turbine, 20 kilogrammes de sucre par hectolitre; les 34 litres donneront donc environ 7 kilogrammes de sucre n° 12, et environ 40 kilogrammes ou 28 litres de mélasse considérée comme incristallisable.

Production totale.

Il résulte de ce qui précède qu'un hectolitre de sirop de premier jet, bien cuit, doit donner un total de 88 kilogr. de sucre, et 48 kilogrammes de mélasse épuisée; la régie faisant aux fabricants exercés la remise de 5 kilogrammes de sucre par 100 kilogrammes de mélasse épuisée, les

40 kilogrammes susdits représentent 2 kilogrammes à ajouter au rendement en sucre, dans l'évaluation des diverses espèces de sirop ; le rendement général sera donc de 90 kilogrammes de sucre, ou de 64 o/o du poids moyen de 140 kilogrammes par hectolitre de sirop de premier jet.

On verra de même qu'un hectolitre de sirop de deuxième jet est susceptible d'un rendement de 64 kilogrammes de sucre, représentant 45 o/o du poids moyen de 140 kilogr.

Le rendement du sirop de troisième jet, sucre et mélasse compris, peut être évalué, d'après les mêmes calculs, à 26 kilogrammes de sucre, ce qui équivaut à 19 o/o du poids moyen de 140 kilogrammes.

Résumé de la production d'un hectolitre de jus en sirop et en sucre, par chaque dixième de degré densimétrique.

Densité	Sirop.	Sucre.	Densité	Sirop.	Sucre.	Densité	Sirop.	Sucre.
	lit. cent.	k. gr.		lit. cent.	k. gr.		lit. cent.	k. gr.
3.5	5.45	5.013	4.2	6.64	6.108	4.9	7.83	7.203
3.6	5.62	5.170	4.3	6.81	6.265	5.0	8.00	7.360
3.7	5.79	5.326	4.4	6.98	6.421	5.1	8.17	7.516
3.8	5.96	5.483	4.5	7.15	6.578	5.2	8.34	7.672
3.9	6.13	5.639	4.6	7.32	6.734	5.3	8.51	7.829
4.0	6.30	5.796	4.7	7.49	6.890	5.4	8.68	7.985
4.1	6.47	5.952	4.8	7.66	7.047	5.5	8.85	8.142

Mélasses épuisées.

Les mélasses de troisième jet sont considérées comme incristallisables, parce qu'elles tiennent en dissolution des sels déliquescents qu'on n'est pas encore parvenu à éliminer complètement.

On peut retirer le sucre cristallisable des mélasses en les traitant par le baryte, qui produit un sucrate insoluble à chaud ; ce précipité lavé et décomposé par l'acide carbonique donne du sucre incristallisable.

Un nouveau procédé est à l'essai : on traite le sucrate de chaux par l'alcool, qui dissout les sels et forme avec la chaux des combinaisons insolubles dans l'eau, qui débarrassent les mélasses des matières grasses et des sels qui s'opposent à la cristallisation.

Il est encore permis de douter que la valeur du sucre extrait des mélasses de troisième jet, jointe à celle des mélasses formant les résidus de ces opérations, compense le prix de l'alcool que l'on obtient en distillant les mélasses, et même le prix moyen de la mélasse livrée aux distillateurs.

TROISIÈME PARTIE

MESURE DES VAISSEAUX

EN USAGE DANS LES FABRIQUES DE SUCRE

MESURE DES CYLINDRES.

INSTRUCTION

Jointe à la Circulaire de l'Administration des Contributions indirectes en date du 28 Novembre 1835, n° 116.

Un vaisseau ayant la même grosseur dans toute son étendue entre les bases, il suffit, pour en déterminer la contenance, de mesurer intérieurement le diamètre et la hauteur à l'aide de la jauge, de chercher dans le tableau le diamètre reconnu par cette opération, et de multiplier le nombre de millimètres qui s'y rapporte par celui des centimètres de la hauteur.

Si l'on avait à jauger un vaisseau cylindrique dont le diamètre serait de 3 mètres et la hauteur de 20 centimètres, on verrait à la table que 3 mètres donnent pour 1 centimètre de hauteur 70 litres 686 millilitres; en multipliant ce résultat par 20, nombre de centimètres de la hauteur, on aurait un produit de 1,413 litres 720 millilitres, et la contenance effective du vaisseau serait, en forçant la fraction, de 14 hectolitres 14 litres,

On peut donc, au moyen de ce livret, reconnaître non-seulement la capacité exacte des vaisseaux de forme cylindrique en usage dans les fabriques, mais aussi celle de tous les vases ou tonneaux pour lesquels il est possible d'établir un diamètre moyen en les ramenant au cylindre, soit que les bases aient la forme ovale, soit que les fonds reposent sur des cercles égaux ou inégaux.

Lorsque la différence entre les diamètres est de plus d'un dixième, et que par ce motif il y a impossibilité de calculer approximativement un diamètre moyen, le tableau ne peut servir de guide aux employés ; ils doivent opérer alors conformément aux indications données par la circulaire nº 20 du 17 septembre 1810, et notamment par les paragraphes 82 et 83.

On trouvera à la suite du tableau fourni par l'administration les diverses formules relatives à la mesure de tous les vaisseaux.

Tableau fourni par l'Administration pour la mesure des cylindres.

Diamètre du cylindre.	Contenance en millimètres.	Diamètre du cylindre.	Contenance en millimètres.	Diamètre du cylindre.	Contenance en millimètres.
mèt. cent.	lit. millilit.	mèt. cent.	lit. millilit.	mèt. cent.	lit. millilit.
0 01	0 001	0 11	0 095	0 21	0 346
0 02	0 003	0 12	0 113	0 22	0 380
0 03	0 007	0 13	0 133	0 23	0 415
0 04	0 013	0 14	0 154	0 24	0 452
0 05	0 020	0 15	0 177	0 25	0 491
0 06	0 028	0 16	0 201	0 26	0 531
0 07	0 038	0 17	0 227	0 27	0 573
0 08	0 050	0 18	0 254	0 28	0 616
0 09	0 064	0 19	0 284	0 29	0 661
0 10	0 079	0 20	0 314	0 30	0 707

Diamètre du cylindre.	Contenance en millimètres.	Diamètre du cylindre.	Contenance en millimètres.	Diamètre du cylindre.	Contenance en millimètres.
mèt. cent.	lit. millilit.	mèt. cent.	lit. millilit.	mèt. cent.	lit. millilit.
0 31	0 785	0 71	3 959	1 11	9 677
0 32	0 804	0 72	4 072	1 12	9 852
0 33	0 855	0 73	4 185	1 13	10 029
0 34	0 908	0 74	4 301	1 14	10 207
0 35	0 962	0 75	4 418	1 15	10 387
0 36	1 018	0 76	4 536	1 16	10 568
0 37	1 075	0 77	4 657	1 17	10 751
0 38	1 134	0 78	4 778	1 18	10 936
0 39	1 195	0 79	4 902	1 19	11 122
0 40	1 257	0 80	5 027	1 20	11 310
0 41	1 320	0 81	5 153	1 21	11 499
0 42	1 385	0 82	5 281	1 22	11 690
0 43	1 452	0 83	5 411	1 23	11 882
0 44	1 521	0 84	5 542	1 24	12 076
0 45	1 590	0 85	5 675	1 25	12 272
0 46	1 662	0 86	5 809	1 26	12 469
0 47	1 735	0 87	5 945	1 27	12 668
0 48	1 810	0 88	6 082	1 28	12 868
0 49	1 886	0 89	6 221	1 29	13 070
0 50	1 964	0 90	6 362	1 30	13 273
0 51	2 043	0 91	6 504	1 31	13 478
0 52	2 124	0 92	6 648	1 32	13 685
0 53	2 206	0 93	6 793	1 33	13 893
0 54	2 290	0 94	6 940	1 34	14 103
0 55	2 376	0 95	7 088	1 35	14 314
0 56	2 463	0 96	7 238	1 36	14 527
0 57	2 552	0 97	7 390	1 37	14 741
0 58	2 642	0 98	7 543	1 38	14 957
0 59	2 734	0 99	7 698	1 39	15 175
0 60	2 827	1 00	7 854	1 40	15 394
0 61	2 922	1 01	8 012	1 41	15 615
0 62	3 019	1 02	8 171	1 42	15 837
0 63	3 117	1 03	8 332	1 43	16 061
0 64	3 217	1 04	8 495	1 44	16 286
0 65	3 318	1 05	8 659	1 45	16 513
0 66	3 421	1 06	8 825	1 46	16 742
0 67	3 526	1 07	8 992	1 47	16 972
0 68	3 632	1 08	9 161	1 48	17 203
0 69	3 739	1 09	9 331	1 49	17 437
0 70	3 848	1 10	9 503	1 50	17 671

Diamètre du cylindre.	Contenance en millimètres.	Diamètre du cylindre.	Contenance en millimètres.	Diamètre du cylindre.	Contenance en millimètres.
mèt. cent.	lit. millilit.	mèt. cent.	lit. millilit.	mèt. cent.	lit. millilit.
1 51	17 908	1 91	28 652	2 31	41 910
1 52	18 146	1 92	28 953	2 32	42 273
1 53	18 385	1 93	29 255	2 33	42 638
1 54	18 627	1 94	29 559	2 34	43 005
1 55	18 869	1 95	29 865	2 35	43 374
1 56	19 113	1 96	30 172	2 36	43 744
1 57	19 359	1 97	30 481	2 37	44 115
1 58	19 607	1 98	30 791	2 38	44 488
1 59	19 856	1 99	31 103	2 39	44 863
1 60	20 106	2 00	31 416	2 40	45 289
1 61	20 358	2 01	31 731	2 41	45 617
1 62	20 612	2 02	32 047	2 42	45 996
1 63	20 867	2 03	32 365	2 43	46 377
1 64	21 124	2 04	32 685	2 44	46 759
1 65	21 382	2 05	33 006	2 45	47 144
1 66	21 642	2 06	33 329	2 46	47 529
1 67	21 904	2 07	33 654	2 47	47 916
1 68	22 167	2 08	33 979	2 48	48 305
1 69	22 434	2 09	34 307	2 49	48 695
1 70	22 698	2 10	34 636	2 50	49 087
1 71	22 966	2 11	34 967	2 51	49 481
1 72	23 235	2 12	35 299	2 52	49 876
1 73	23 506	2 13	35 633	2 53	50 273
1 74	23 779	2 14	35 968	2 54	50 671
1 75	24 053	2 15	36 305	2 55	51 071
1 76	24 328	2 16	36 644	2 56	51 472
1 77	24 606	2 17	36 984	2 57	51 875
1 78	24 885	2 18	37 325	2 58	52 279
1 79	25 165	2 19	37 668	2 59	52 685
1 80	25 447	2 20	38 013	2 60	53 093
1 81	25 730	2 21	38 360	2 61	53 502
1 82	26 016	2 22	38 708	2 62	53 913
1 83	26 302	2 23	39 057	2 63	54 325
1 84	26 590	2 24	39 408	2 64	54 739
1 85	26 880	2 25	39 761	2 65	55 155
1 86	27 172	2 26	40 115	2 66	55 572
1 87	27 465	2 27	40 471	2 67	55 990
1 88	27 759	2 28	40 828	2 68	56 410
1 89	28 050	2 29	41 187	2 69	56 832
1 90	28 353	2 30	41 548	2 70	57 256

Diamètre du cylindre.	Contenance en millimètres.	Diamètre du cylindre.	Contenance en millimètres.	Diamètre du cylindre.	Contenance en millimètres.
mèt. cent.	lit. millilit.	mèt. cent.	lit. millilit.	mèt. cent.	lit. millilit.
2 71	57 680	3 11	75 965	3 51	96 762
2 72	58 107	3 12	76 454	3 52	97 314
2 73	58 535	3 13	76 945	3 53	97 868
2 74	58 965	3 14	77 437	3 54	98 423
2 75	59 396	3 15	77 931	3 55	98 980
2 76	59 828	3 16	78 427	3 56	99 538
2 77	60 263	3 17	78 924	3 57	100 098
2 78	60 699	3 18	79 423	3 58	100 660
2 79	61 136	3 19	79 923	3 59	101 223
2 80	61 575	3 20	80 425	3 60	101 788
2 81	62 016	3 21	80 928	3 61	102 351
2 82	62 458	3 22	81 433	3 62	102 922
2 83	62 902	3 23	81 940	3 63	103 491
2 84	63 347	3 24	82 448	3 64	104 062
2 85	63 794	3 25	82 958	3 65	104 635
2 86	64 242	3 26	83 469	3 66	105 209
2 87	64 692	3 27	83 982	3 67	105 784
2 88	65 144	3 28	84 496	3 68	106 362
2 89	65 597	3 29	85 012	3 69	106 941
2 90	66 052	3 30	85 530	3 70	107 521
2 91	66 508	3 31	86 049	3 71	108 103
2 92	66 966	3 32	86 570	3 72	108 687
2 93	67 426	3 33	87 092	3 73	109 272
2 94	67 887	3 34	87 616	3 74	109 858
2 95	68 349	3 35	88 141	3 75	110 447
2 96	68 813	3 36	88 668	3 76	111 036
2 97	69 272	3 37	89 197	3 77	111 628
2 98	69 746	3 38	89 727	3 78	112 221
2 99	70 215	3 39	90 259	3 79	112 815
3 00	70 686	3 40	90 792	3 80	113 411
3 01	71 158	3 41	91 327	3 81	114 009
3 02	71 631	3 42	91 863	3 82	114 608
3 03	72 107	3 43	92 401	3 83	115 209
3 04	72 583	3 44	92 941	3 84	115 812
3 05	73 062	3 45	93 482	3 85	116 416
3 06	73 542	3 46	94 025	3 86	117 021
3 07	74 023	3 47	94 569	3 87	117 628
3 08	74 506	3 48	95 115	3 88	118 237
3 09	74 991	3 49	95 662	3 89	118 847
3 10	75 477	3 50	96 211	3 90	119 459

Diamètre du cylindre.	Contenance en millimètres.	Diamètre du cylindre.	Contenance en millimètres.	Diamètre du cylindre.	Contenance en millimètres.
mèt. cent.	lit. millilit.	mèt. cent.	lit. millilit.	mèt. cent.	lit. millilit.
3 91	120 072	4 31	145 896	4 71	174 234
3 92	120 687	4 32	146 574	4 72	174 974
3 93	121 304	4 33	147 254	4 73	175 716
3 94	121 922	4 34	147 934	4 74	176 460
3 95	122 542	4 35	148 617	4 75	177 205
3 96	123 163	4 36	149 301	4 76	177 952
3 97	123 786	4 37	149 987	4 77	178 701
3 98	124 410	4 38	150 674	4 78	179 451
3 99	125 036	4 39	151 363	4 79	180 203
4 00	125 664	4 40	152 053	4 80	180 956
4 01	126 293	4 41	152 745	4 81	181 711
4 02	126 923	4 42	153 439	4 82	182 467
4 03	127 556	4 43	154 134	4 83	183 225
4 04	128 190	4 44	154 830	4 84	183 984
4 05	128 825	4 45	155 528	4 85	184 745
4 06	129 462	4 46	156 228	4 86	185 508
4 07	130 100	4 47	156 930	4 87	186 272
4 08	130 741	4 48	157 633	4 88	187 038
4 09	131 382	4 49	158 337	4 89	187 805
4 10	132 025	4 50	159 043	4 90	188 574
4 11	132 670	4 51	159 751	4 91	189 345
4 12	133 317	4 52	160 460	4 92	190 117
4 13	133 965	4 53	161 171	4 93	190 890
4 14	134 614	4 54	161 883	4 94	191 665
4 15	135 265	4 55	162 597	4 95	192 442
4 16	135 918	4 56	163 313	4 96	193 221
4 17	136 572	4 57	164 030	4 97	194 000
4 18	137 228	4 58	164 748	4 98	194 782
4 19	137 885	4 59	165 468	4 99	195 565
4 20	138 544	4 60	166 190	4 00	196 350
4 21	139 205	4 61	166 914	5 01	197 136
4 22	139 867	4 62	167 639	5 02	197 923
4 23	140 537	4 63	168 365	5 03	198 713
4 24	141 196	4 64	169 093	5 04	199 504
4 25	141 863	4 65	169 823	5 05	200 296
4 26	142 531	4 66	170 554	5 06	201 090
4 27	143 201	4 67	171 287	5 07	201 886
4 28	143 872	4 68	172 021	5 08	202 683
4 29	144 545	4 69	172 757	5 09	203 482
4 30	145 220	4 70	173 494	5 10	204 282

Diamètre du cylindre.	Contenance en millimètres.	Diamètre du cylindre.	Contenance en millimètres.	Diamètre du cylindre.	Contenance en millimètres.
mèt. cent.	lit. millilit.	mèt. cent.	lit. millilit.	mèt. cent.	lit. millilit.
5 11	205 084	5 41	229 871	5 71	256 072
5 12	205 887	5 42	230 722	5 72	256 970
5 13	206 692	5 43	231 574	5 73	257 869
5 14	207 499	5 44	232 428	5 74	258 770
5 15	208 307	5 45	233 283	6 75	259 672
5 16	209 117	5 46	234 140	5 76	260 576
5 17	209 928	5 47	234 998	5 77	261 482
5 18	210 741	5 48	235 858	5 78	262 389
5 19	211 556	5 49	236 720	5 79	263 298
5 20	212 372	5 50	237 583	5 80	264 208
5 21	213 189	5 51	238 448	5 81	265 120
5 22	214 008	5 52	239 214	5 82	266 033
5 23	214 829	5 53	240 182	5 83	266 948
5 24	215 651	5 54	241 051	5 84	267 865
5 25	216 475	5 55	241 922	5 85	268 783
5 26	217 301	5 56	242 795	5 86	269 703
5 27	218 128	5 57	243 669	5 87	270 624
5 28	218 956	5 58	244 545	5 88	271 547
5 29	219 787	5 59	245 422	5 89	272 471
5 30	220 618	5 60	246 301	5 90	273 397
5 31	221 452	5 61	247 181	5 91	274 325
5 32	222 287	5 62	248 063	5 92	275 254
5 33	223 123	5 63	248 947	5 93	276 184
5 34	223 961	5 64	249 832	5 94	277 117
5 35	224 801	5 65	250 719	5 95	278 051
5 36	225 642	5 66	251 607	5 96	278 986
5 37	226 484	5 67	252 491	5 97	279 923
5 38	227 329	5 68	253 388	5 98	280 862
5 39	228 175	5 69	254 281	5 99	281 802
5 40	229 022	5 70	255 176	5 00	282 743

Formule de la mesure des cylindres.

Multiplier le carré du rayon par la hauteur et par 3,1416, rapport du cercle au carré.

EXEMPLE :

Prenant pour exemple le vaisseau cylindrique indiqué dans l'instruction qui précède, on trouve :

Diamètre	3m. 00
Rayon ou demi-diamètre . .	1.50
	1.50
	7500
	1500
Carré du rayon	2,2500
Hauteur.	0,20
	0,450000
Rapport du cercle au carré.	3,1416
	270
	45
	180
	45
	135
Produit.	1,413720,0000

égal à un mètre cube, quatre cent treize décimètres cubes, sept cent vingt centimètres cubes, et représentant, à raison d'un litre par décimètre cube, quatorze cent quatorze litres, en forçant la fraction ; soit 14 hect. 14 litres.

Mesure des parallélogrammes.

Le parallélogramme est une figure dont les parois sont droites et les côtés parallèles comme les bacs à cristalliser.

Il a pour mesure le produit de ses trois dimensions.

EXEMPLE :

Soit un vaisseau présentant les dimensions suivantes : longueur, 2m.50 ; largeur, 1m.00 ; hauteur, 1m.25. Multipliant ces trois quantités l'une par l'autre :

Longueur. . . .	2.50
Largeur	1.00
	2,5000
Hauteur	1.25
	125000
	50
	25
Produit	3,125000

— on trouve 3125 décimètres cubes ou 31 hect. 25 litres.

Mesure des trapèzes.

Le trapèze est un parallélogramme dont deux côtés seulement sont parallèles et les parois droites entre les bases; telles sont les caisses employées à la purgation des bas produits.

Le trapèze se mesure comme le parallélogramme qui aurait pour dimensions la moitié de la somme des côtés inégaux.

EXEMPLE :

Soit un vaisseau présentant les dimensions suivantes :
Longueur : à l'ouverture, 1m. 00; au fond, 0m. 50;
Largeur : id. 1m. 00; id. 0m. 50;
Hauteur : 1m. 25.

En prenant la moitié de la somme des côtés inégaux, on a:

Longueur moyenne, 0m. 75; largeur moyenne, 0m. 75, et hauteur, 1m. 25; on multiplie ensuite ces dimensions l'une par l'autre, et l'on obtient :

Longueur. . .	0.75
Largeur . . .	0.75
	375
	525
	0,5625
Hauteur . . .	1.25
	28125
	11250
	5625
Produit	0,703125 ou 7 hect. 3 lit.

Mesure des calottes sphériques.

PREMIER PROCÉDÉ. — La contenance des calottes sphériques se mesure suivant deux procédés :

1°. Le nombre de centimètres cubes ou de millilitres est égal au produit que donne leur profondeur multipliée par la somme des résultats suivants :

1°. Carré du diamètre à l'ouverture, multiplié par 11 et divisé par 28; — 2°. Carré de la profondeur, multiplié par 11 et divisé par 21.

EXEMPLE :

Soit à mesurer une calotte de 4m. 15 de diamètre, et de 1m. 27 de profondeur.

1o. *Carré du diamètre, multiplié par* 11 *et divisé par* 28 :

```
    4.15
    4.15
  ------
    2075        189,4475 | 28
    415           214    |--------
   1660           184    | 6.7659  — ci : 6.7659
  ------           167   |
  17,2225           275  |
       11            23  |
  ------
  172225
 172225
 --------
 189,4475
```

2o. *Carré de la profondeur, multiplié par* 11 *et divisé par* 21 :

```
    1.27        17,7419 | 21
    1.27          94    |--------
  ------          101   | 0,8449  — ci : 0.8449
     889           179  |                ------
    254                  Total. . . . .   7.6108
   127          A mult. par la profondeur. 1.27
  ------                                 -------
   1,6129                                 532756
       11                                152216
  ------                                 76108
   16129                                 --------
  16129         Contenance de la calotte. 9,665716
  -------          ou 96 hect. 66 litres.
  17,7419
```

DEUXIÈME PROCÉDÉ. — 2o. On peut aussi mesurer la calotte en multipliant le carré du diamètre par la profondeur et par 11, et en divisant le produit par 28.

Cette manière d'opérer aura pour résultat une erreur *en moins*, qui sera, savoir :

Pour un vaisseau de	20 cent. de	profondeur,	4 litr.
Id.	25	id.	8
Id.	30	id.	14
Id.	35	id.	22
Id.	40	id.	33
Id.	45	id.	47
Id.	50	id.	76

Pour les vaisseaux de plus de 50 centimètres de profondeur, il faut, pour trouver la différence à ajouter à la première opération, cuber le nombre de centimètres de profondeur, multiplier ce cube par 11 et le diviser par 21.

EXEMPLE :

1°. *Carré du diamètre, multiplié par la profondeur et par 11 et divisé par 28 :*

Carré du diamètre.	17.2225	240,598325	28
Profondeur . . .	1.27	165	8,592797
	1205575	259	
	344450	78	
	172225	223	
	21,872575	272	
A multiplier par .	11	205	
	21872575	9	
	21872575		
	240,598325		

2°. *Calcul de la différence.*

Profondeur. . .	1.27		
	1.27		
	889		
	254		
	127		
Carré.	1,6129	22,532213	21
	1.27	153	1,073000
	112903	62	
	32258		
	16129	Total. .	9,665797
Cube	2,048383	ou 96 hectol. 66 litres.	
A multiplier par .	11		
	2048383		
	2048383		
	22,532213		

Mesure des Tonneaux.

PREMIER PROCÉDÉ. — Les tonneaux ou vaisseaux ayant la forme d'une portion de boule ou de sphère à bases parallèles, se mesurent comme il suit :

Le nombre de centimètres cubes est égal à la profondeur multipliée par la somme des trois résultats suivants :

1° Carré du diamètre du fond, multiplié par 11 et divisé par 28; — 2° Carré du diamètre de l'ouverture, multiplié par 11 et divisé par 28; — 3° Carré de la profondeur, multiplié par 11 et divisé par 21.

DEUXIÈME PROCÉDÉ. — On se sert aussi d'un autre procédé, surtout applicable aux vaisseaux d'une profondeur moindre de 50 centimètres; on fait le carré de chaque diamètre, on additionne les deux carrés, on les multiplie par la profondeur et par 11, et on divise le résultat par 28.

Cette manière d'opérer aura pour résultat la différence en moins dont il est fait mention à la mesure des calottes sphériques, et donnera lieu aux mêmes calculs complémentaires.

Mesure des Vaisseaux ayant pour bases des cercles inégaux.

On mesure comme il suit les vaisseaux dont les bases sont des cercles inégaux, et dont les parois sont droites, quoiqu'inclinées sur les bases; telles sont les formes, et autres figures coniques. Le nombre de centimètres cubes est égal à la somme des trois résultats suivants :

1°. Produit du carré du grand diamètre, multiplié par la hauteur; — 2°. Produit du carré du petit diamètre, multiplié par la hauteur; — 3°. Produit de la longueur du grand diamètre, multiplié par la longueur du petit diamètre et par la hauteur. — Ces trois produits sont multipliés par 11 et divisés par 42.

Mesure des Vaisseaux ayant pour bases des ovales égaux.

Le nombre de centimètres cubes est égal au produit du grand diamètre d'une base multipliée par son petit diamètre, par la hauteur et par 11, et divisé par 14.

Mesure des Vaisseaux ayant pour bases des ovales inégaux.

Le nombre de centimètres cubes est égal à la somme des trois produits résultant :

1°. Du grand diamètre de la base supérieure, multiplié par son petit diamètre; 2°. Du grand diamètre de la base inférieure, multiplié par son petit diamètre; — 3°. Du grand diamètre de la base supérieure, multiplié par le petit diamètre de la base inférieure. — Ladite somme, multipliée par la hauteur et par 11, et divisée par 42.

TABLE DES MATIÈRES

PREMIÈRE PARTIE.

DEUXIÈME PARTIE.

TROISIÈME PARTIE.

www.ingramcontent.com/pod-product-compliance
Lightning Source LLC
LaVergne TN
LVHW022146080426
835511LV00008B/1285

* 9 7 8 2 0 1 1 2 8 0 8 7 9 *